Camiones de emergencias

Julie Murray

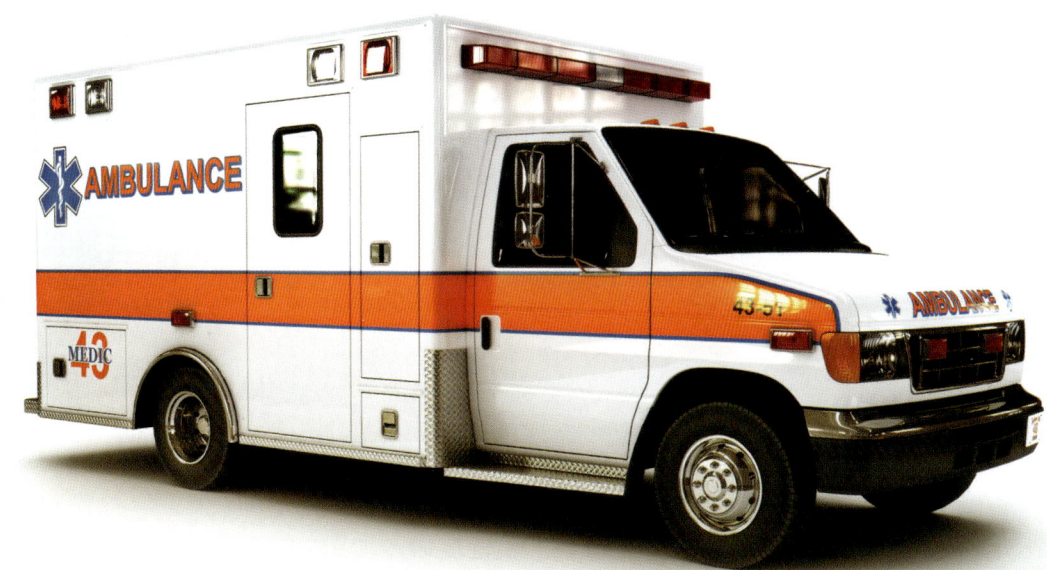

Abdo Kids Junior es una
subdivisión de Abdo Kids
abdobooks.com

CAMIONES EN ACCIÓN

abdobooks.com

Published by Abdo Kids, a division of ABDO, P.O. Box 398166, Minneapolis, Minnesota 55439. Copyright © 2025 by Abdo Consulting Group, Inc. International copyrights reserved in all countries. No part of this book may be reproduced in any form without written permission from the publisher. Abdo Kids Junior™ is a trademark and logo of Abdo Kids.

Printed in China

102024

012025

THIS BOOK CONTAINS RECYCLED MATERIALS

Spanish Translator: Maria Puchol

Photo Credits: Getty Images, Shutterstock, ©Washington State DOT p.22/ CC BY-NC-ND 2.0, ©Dawn Endico p.22/ CC BY-SA 2.0

Production Contributors: Teddy Borth, Jennie Forsberg, Grace Hansen

Design Contributors: Candice Keimig, Pakou Moua

Library of Congress Control Number: 2024939026

Publisher's Cataloging-in-Publication Data

Names: Murray, Julie, author.

Title: Camiones de emergencias/ by Julie Murray.

Other title: Emergency trucks. Spanish

Description: Minneapolis, Minnesota: Abdo Kids, 2025. | Series: Camiones en acción | Includes online resources and index

Identifiers: ISBN 9798384904250 (lib.bdg.) | ISBN 9798384904816 (ebook)

Subjects: LCSH: Trucks--Juvenile literature. | Vehicles--Juvenile literature. | Emergency vehicles--Juvenile literature. | Spanish language materials--Juvenile literature.

Classification: DDC 388.32--dc23

Contenido

Camiones de
emergencias. 4

Otros camiones
de emergencias 22

Glosario 23

Índice 24

Código Abdo Kids . . .24

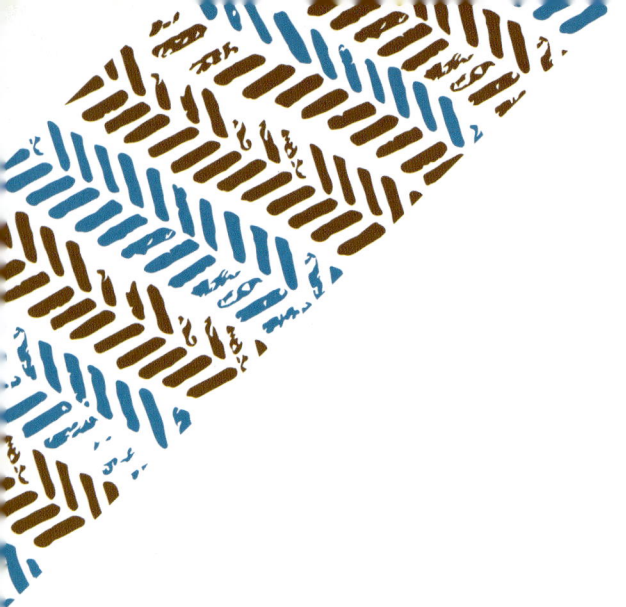

Camiones de emergencias

Maria ve luces intermitentes.

¡Es un camión de emergencias!

Hay fuego en una casa.

Un camión de bomberos va a ayudar.

La ambulancia lleva a los heridos al hospital.

El coche de Eduardo se ha averiado. Él llama a una grúa.

Eva conduce un coche de policía, se encarga de la seguridad de los ciudadanos.

Un camión cisterna lleva agua a un incendio.

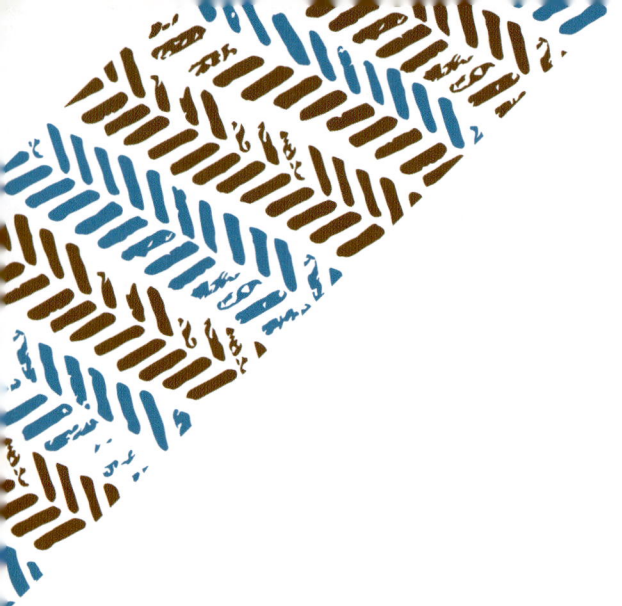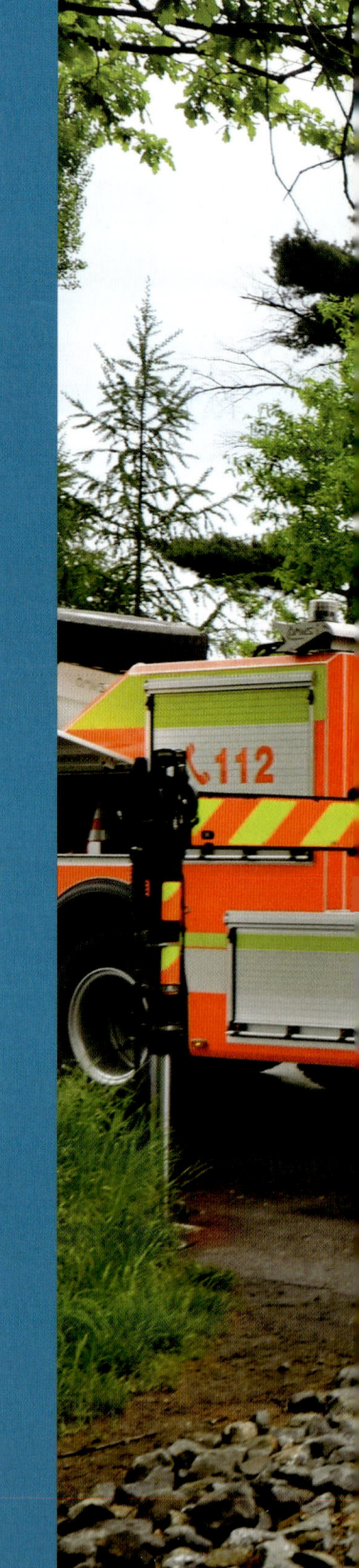

Ha ocurrido un grave accidente, un **vehículo de rescate** ayuda.

Los camiones de los **SWAT** están blindados. Es una gran ayuda en situaciones de riesgo.

¿Qué camiones de emergencias has visto tú?

Otros camiones de emergencias

camión de asistencia en carretera

camión de suministro de aire

camión escalera

camión para materiales peligrosos

Glosario

SWAT
por sus siglas en inglés *Special Weapons and Tactics*, que significa armas y tácticas especiales.

vehículo de rescate
transporte de emergencias con equipo para operaciones de salvamento.

Índice

ambulancia 8

camión cisterna 14

camión de bomberos 6

camión SWAT 18

coche de policía 12

grúa 10

vehículo de rescate 16

¡Visita nuestra página **abdokids.com** y usa este código para tener acceso a juegos, manualidades, videos y mucho más!

Los recursos de internet están en inglés.

Usa este código Abdo Kids

TEK6134

¡o escanea este código QR!